AF205660

Impressum
Verlag: BABADADA GmbH, Nedderfeld 112 , 22529 Hamburg
Geschäftsführer / Verlagsleitung: Harald Hof
Druck: Books on Demand GmbH, In de Tarpen 42, 22848 Norderstedt

Imprint
Publisher: BABADADA GmbH, Nedderfeld 112 , 22529 Hamburg, Germany
Managing Director / Publishing direction: Harald Hof
Print: Books on Demand GmbH, In de Tarpen 42, 22848 Norderstedt, Germany

# škola

# school

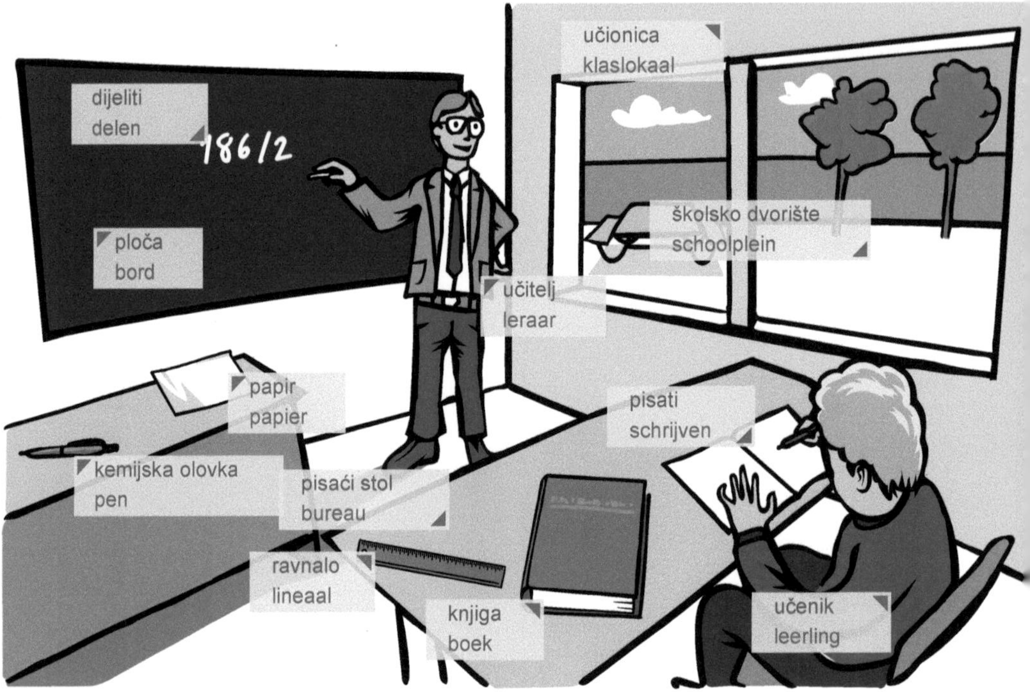

učionica
klaslokaal
dijeliti
delen
186/2
ploča
bord
školsko dvorište
schoolplein
učitelj
leraar
papir
papier
pisati
schrijven
kemijska olovka
pen
pisaći stol
bureau
ravnalo
lineaal
knjiga
boek
učenik
leerling


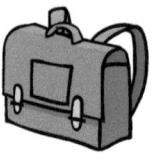

torba

schooltas

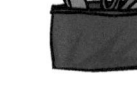

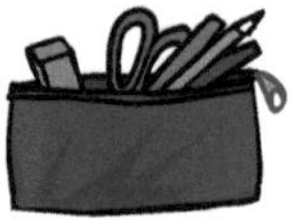

pernica

etui

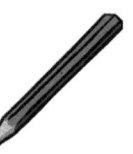

grafitna olovka

potlood

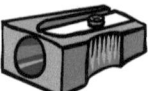

šiljilo za olovke

puntenslijper

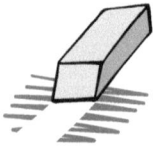

gumica za brisanje

gum

blok za crtanje

schetsblok

crtež
tekening

kist
penseel

kutija s bojama
verfdoos

makaze
schaar

ljepilo
lijm

bilježnica
schrift

domaći zadatak
huiswerk

broj
getal

2+2

sabirati
optellen

5-2

oduzimati
aftrekken

množiti
vermenigvuldigen

računati
rekenen

slovo
letter

ABCDEFG
HIJKLMN
OPQRSTU
VWXYZ

abeceda
alfabet

riječ
woord

tekst

tekst

čitati

lezen

kreda

krijt

sat

les

dnevnik

klassenboek

ispit

examen

svjedodžba

diploma

školska uniforma

schooluniform

obrazovanje

opleiding

leksikon

encyclopedie

sveučilište

universiteit

mikroskop

microscoop

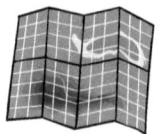

karta

kaart

košara za papir

prullenmand

škola - school

# putovanje
# reis

Grand
hotel
hotel
prenoćište
hostel
ROOMS
mjenjačnica
wisselkantoor
kofer
koffer
auto
auto

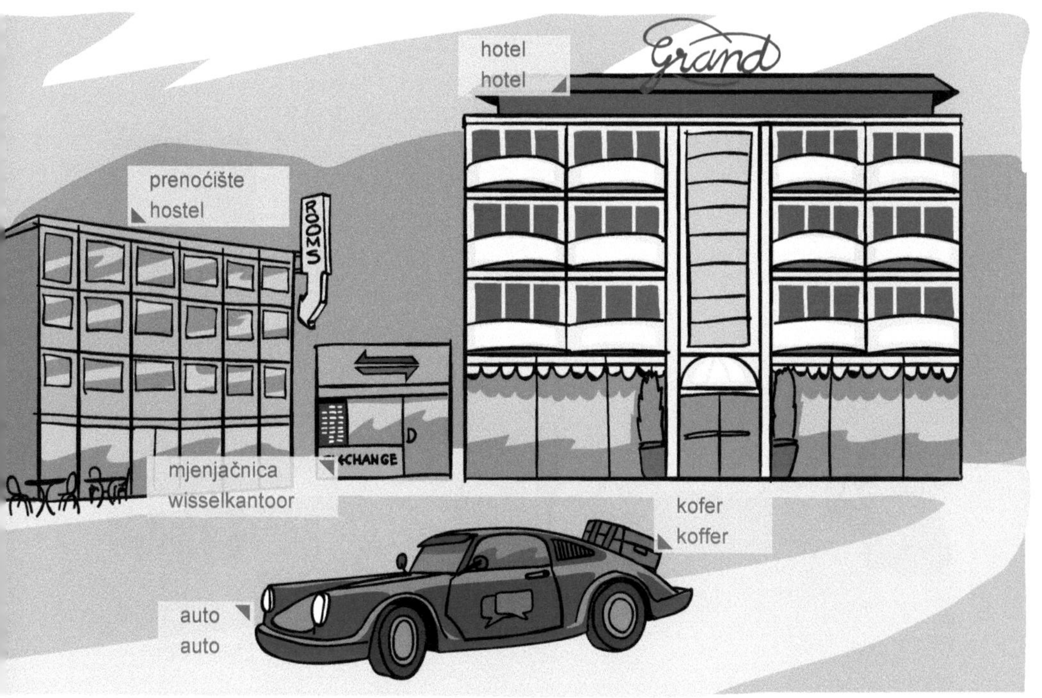

jezik

taal

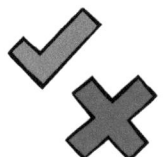

da / ne

ja / nee

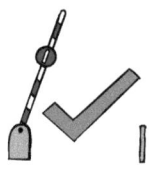

okay

oké

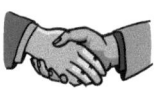

zdravo

Hallo!

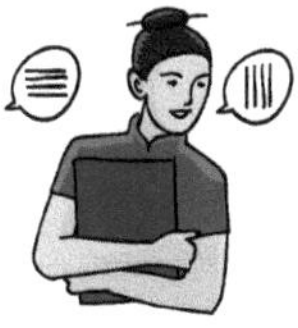

prevoditelj

tolk

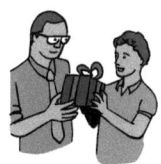

hvala

Bedankt.

Koliko košta...?

Wat kost ...?

ne razumijem

Ik begrijp het niet.

problem

probleem

dobro veče!

Goedenavond!

Dobro jutro!

Goedemorgen!

Laku noć!

Goedenacht!

doviđenja

Tot ziens!

smjer

richting

prtljaga

bagage

torba

tas

ruksak

rugzak

gost

gast

soba

kamer

vreća za spavanje

slaapzak

šator

tent

putovanje - reis

turističke informacije

VVV-kantoor

plaža

strand

kreditna kartica

creditkaart

doručak

ontbijt

ručak

lunch

večera

diner

karta za vožnju

kaartje

dizalo

lift

poštanska markica

postzegel

granica

grens

carina

douane

ambasada

ambassade

viza

visum

putovnica

paspoort

# transport

# transport

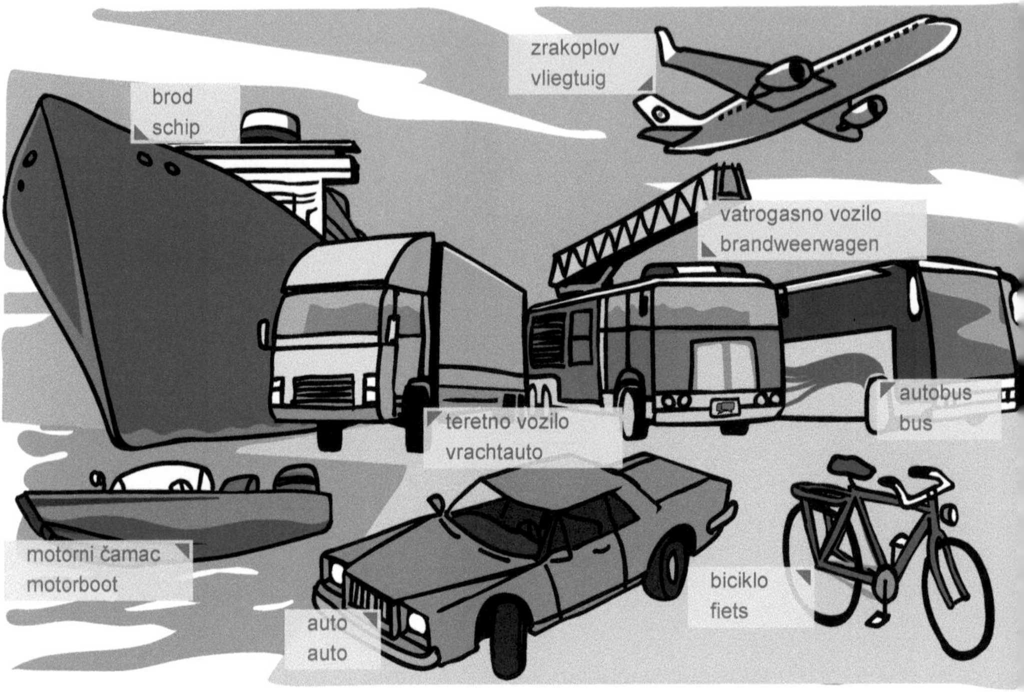
zrakoplov
vliegtuig
brod
schip
vatrogasno vozilo
brandweerwagen
autobus
bus
teretno vozilo
vrachtauto
motorni čamac
motorboot
biciklo
fiets
auto
auto

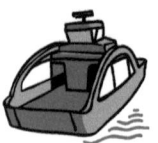

trajekt

veerboot

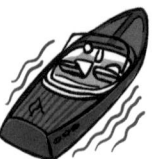

čamac

boot

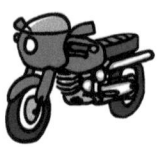

motocikl

motorfiets

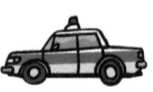

policijski auto

politiewagen

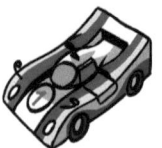

trkaći auto

raceauto

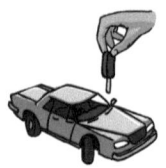

iznajmljeno auto

huurauto

dijeljenje automobila

carsharing

vučno vozilo

takelwagen

vozilo za odvoz smeća

vuilniswagen

motor

motor

benzin

benzine

benzinska postaja

benzinepomp

prometni znak

verkeersbord

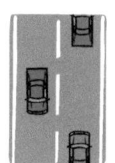

promet

verkeer

zastoj

file

parkiralište

parkeerplaats

kolodvor

station

šine

rails

vlak

trein

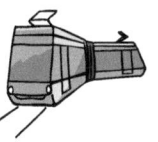

tramvaj

tram

vagon

wagon

helikopter
helikopter

zrakoplovna luka
luchthaven

toranj
toren

putnik
passagier

kontejner
container

karton
verhuisdoos

kolica
kar

košara
mand

uzletjeti / sletjeti
opstijgen / landen

## grad
## stad

selo
dorp

centar grada
stadscentrum

kuća
huis

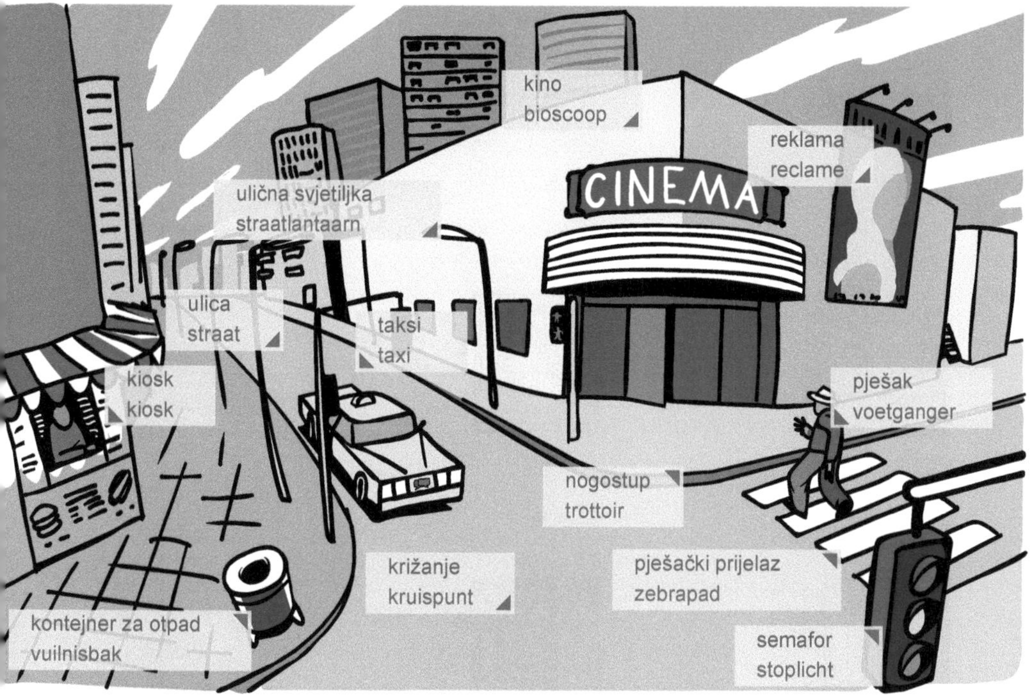

kino
bioscoop

reklama
reclame

ulična svjetiljka
straatlantaarn

CINEMA

ulica
straat

taksi
taxi

pješak
voetganger

kiosk
kiosk

nogostup
trottoir

križanje
kruispunt

pješački prijelaz
zebrapad

kontejner za otpad
vuilnisbak

semafor
stoplicht

koliba
·····················
hut

stan
·····················
appartement

kolodvor
·····················
station

vijećnica
·····················
stadhuis

muzej
·····················
museum

škola
·····················
school

| | | |
|---|---|---|
|  |  |  |
| sveučilište | banka | bolnica |
| universiteit | bank | ziekenhuis |
|  |  |  |
| hotel | ljekarna | ured |
| hotel | apotheek | kantoor |
|  |  |  |
| knjižara | prodavaonica | cvjećara |
| boekenwinkel | winkel | bloemenwinkel |
|  |  |  |
| supermarket | trg | robna kuća |
| supermarkt | markt | warenhuis |
|  |  |  |
| ribarnica | trgovački centar | luka |
| visboer | winkelcentrum | haven |

park
park

klupa
bank

most
brug

stepenice
trap

podzemna željeznica
metro

tunel
tunnel

autobusna stanica
bushalte

bar
bar

restoran
restaurant

poštansko sanduče
brievenbus

ulični znak
straatnaambord

parkirni sat
parkeermeter

zoološki vrt
dierentuin

bazen
zwembad

džamija
moskee

grad - stad

13

seosko gazdinstvo

boerderij

zagađenje okoliša

vervuiling

groblje

begraafplaats

crkva

kerk

igralište

speelplaats

hram

tempel

## krajolik

## landschap

list
blad

putokaz
wegwijzer

put
weg

livada
weide

kamen
steen

šetač
wandelaar

drvo
boom

rijeka
rivier

trava
gras

cvijet
bloem

dolina
vallei

planina
berg

jezero
meer

šuma
bos

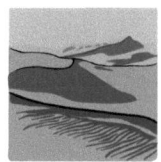

pustinja
woestijn

vulkan
vulkaan

dvorac
kasteel

duga
regenboog

gljiva
paddenstoel

palma
palmboom

moskito
mug

muha
vlieg

mrav
mier

pčela
bij

pauk
spin

buba

kever

žaba

kikker

vjeverica

eekhoorn

jež

egel

zec

haas

sova

uil

ptica

vogel

labud

zwaan

divlja svinja

wild zwijn

jelen

hert

los

eland

nasip

stuwdam

vjetrenjača

windmolen

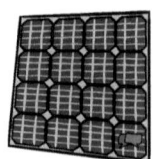

solarna ploča

zonnepaneel

klima

klimaat

krajolik - landschap

# restoran
## restaurant

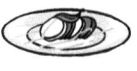

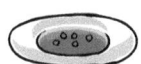

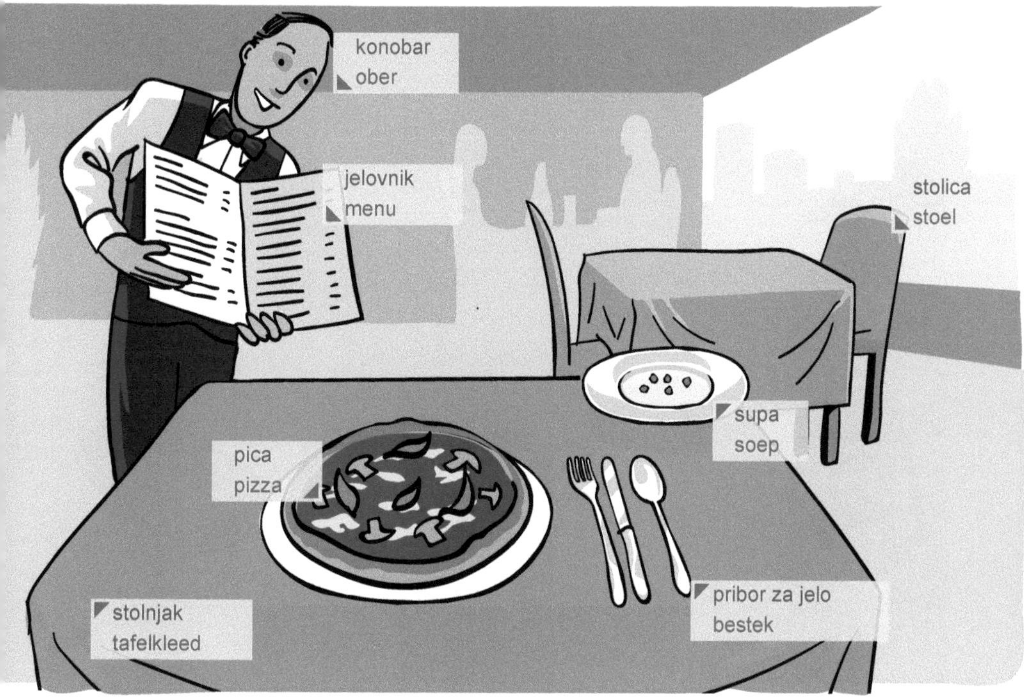

konobar
ober
jelovnik
menu
stolica
stoel
supa
soep
pica
pizza
pribor za jelo
bestek
stolnjak
tafelkleed


predjelo

voorgerecht

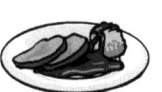

glavno jelo

hoofdgerecht

desert

toetje

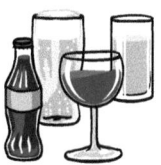

napitci

dranken

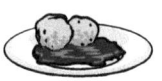

jelo

eten

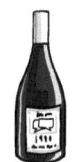

boca

fles

fastfood

fastfood

imbis hrana

eetkraampje

čajnik

theepot

doza za šećer

suikerpot

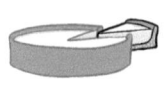

porcija

portie

aparat za espresso

espressomachine

visoka stolica

kinderstoel

račun

rekening

pladanj

dienblad

nož

mes

vilica

vork

žlica

lepel

čajna žlica

theelepel

ubrus

servet

čaša

glas

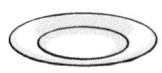

tanjur
bord

tanjur za supu
soepbord

tanjurić
schotel

sos
saus

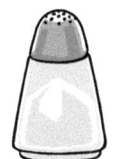

soljenka
zoutvaatje

mlin za biber
pepermolen

ocat
azijn

ulje
olie

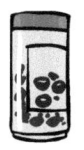

začini
kruiden

kečap
ketchup

senf
mosterd

majoneza
mayonaise

# supermarket
# supermarkt

ponuda
aanbieding
FOR
kupac
klant
mliječni proizvodi
zuivelproducten
voće
fruit
kolica za kupnju
winkelwagen

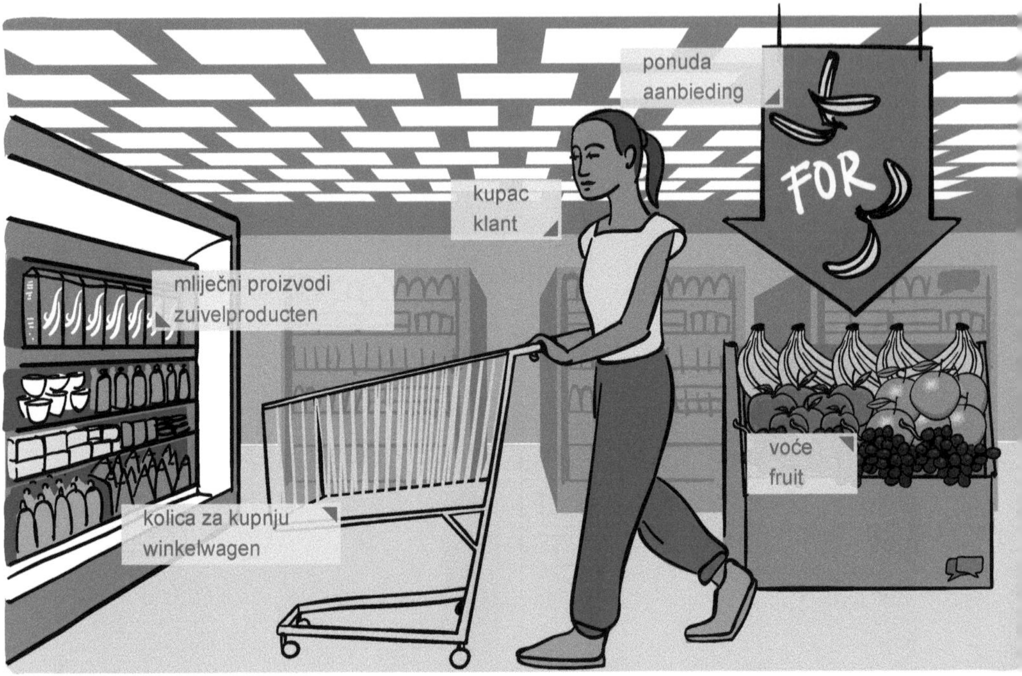

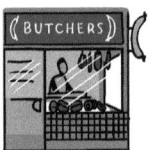

BUTCHERS

mesnica

slager

BAKERY

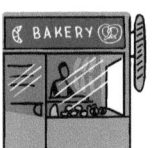

pekarnica

bakkerij

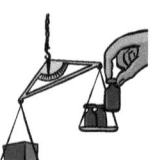

vagati

wegen

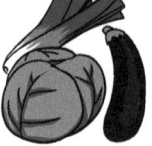

povrće

groente

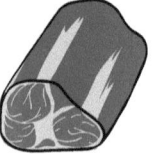

meso

vlees

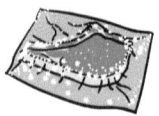

duboko smrznuta hrana

diepvriesproducten

narezak

vleeswaren

konzerve

conserven

sredstvo za pranje

wasmiddel

slatkiši

snoepgoed

artikli za domaćinstvo

huishoudelijke artikelen

sredstva za čišćenje

schoonmaakmiddel

prodavačica

verkoopster

blagajna

kassa

blagajnik

kassier

lista za kupnju

boodschappenlijstje

vrijeme rada

openingstijden

novčanik

portefeuille

kreditna kartica

creditkaart

torba

tas

plastična vrećica

plastic zak

voda
water

sok
sap

mlijeko
melk

cola
cola

vino
wijn

pivo
bier

alkohol
alcohol

kakao
chocolademelk

čaj
thee

kava
koffie

espresso
espresso

cappuccino
cappuccino

banana

banaan

jabuka

appel

naranča

sinaasappel

lubenica

watermeloen

limun

citroen

mrkva

wortel

češnjak

knoflook

bambus

bamboe

luk

ui

gljiva

paddenstoel

orašasti plodovi

noten

rezanci

pasta

špagete

spaghetti

riža

rijst

salata

salade

pomfrit

friet

pečeni krumpir

gebakken aardappelen

pica

pizza

hamburger

hamburger

sendvič

sandwich

šnicla

schnitzel

pršut

ham

salama

salami

kobasica

worst

kokoš

kip

pečenje

gebraad

riba

vis

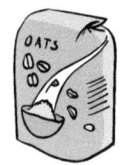

zobene pahuljice

havermout

musli

muesli

kukuruzne pahuljice

cornflakes

brašno

meel

roščić

croissant

pecivo

broodjes

kruh

brood

toast

toast

keksi

koekjes

maslac

boter

svježi sir

kwark

kolač

taart

jaje

ei

jaje na oko

gebakken ei

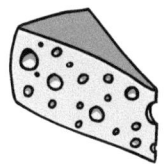

sir

kaas

sladoled

ijs

šećer

suiker

med

honing

marmelada

jam

nugat krema

chocoladepasta

curry

kerrie

# seosko gazdinstvo
## boerderij

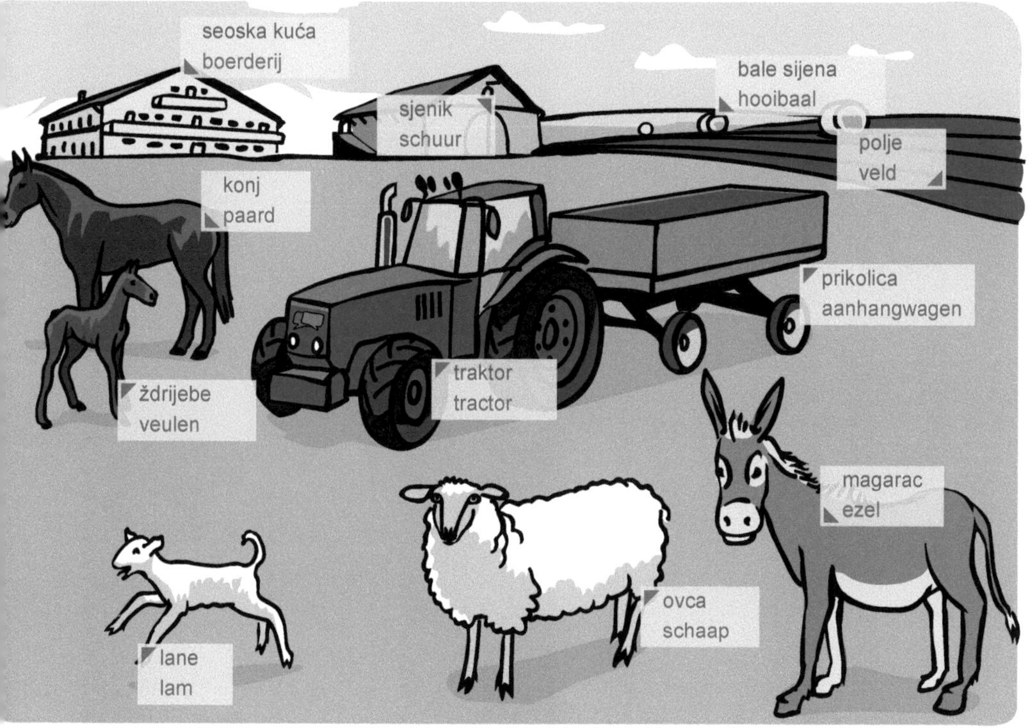
seoska kuća
boerderij
sjenik
schuur
bale sijena
hooibaal
polje
veld
konj
paard
prikolica
aanhangwagen
traktor
tractor
ždrijebe
veulen
magarac
ezel
ovca
schaap
lane
lam

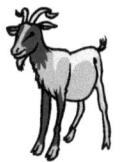

koza

geit

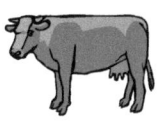

krava

koe

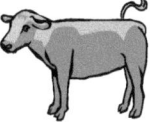

tele

kalf

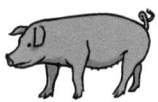

svinja

varken

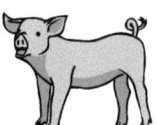

prase

big

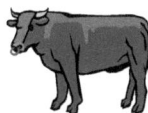

bik

stier

guska

gans

patka

eend

pilići

kuiken

kokoš

kip

pijetao

haan

pacov

rat

mačka

kat

miš

muis

vol

os

pas

hond

kućica za psa

hondenhok

vrtno crijevo

tuinslang

kanta za polijevanje

gieter

kosa

zeis

plug

ploeg

srp

sikkel

motika

schoffel

vilica za gnojivo

hooivork

sjekira

bijl

tačke

kruiwagen

korito

trog

posuda za mlijeko

melkbus

vreća

zak

ograda

hek

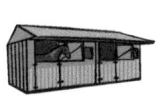

štala

stal

staklenik

broeikas

zemlja

grond

sjeme

zaad

gnojivo

mest

kombajn

maaidorser

žanjati

oogsten

žetva

oogst

yams začin

yam

pšenica

tarwe

soja

soja

krumpir

aardappel

kukuruz

maïs

uljana repica

koolzaad

voćka

fruitboom

gomolj manioke

maniok

žitarice

granen

# kuća
# huis

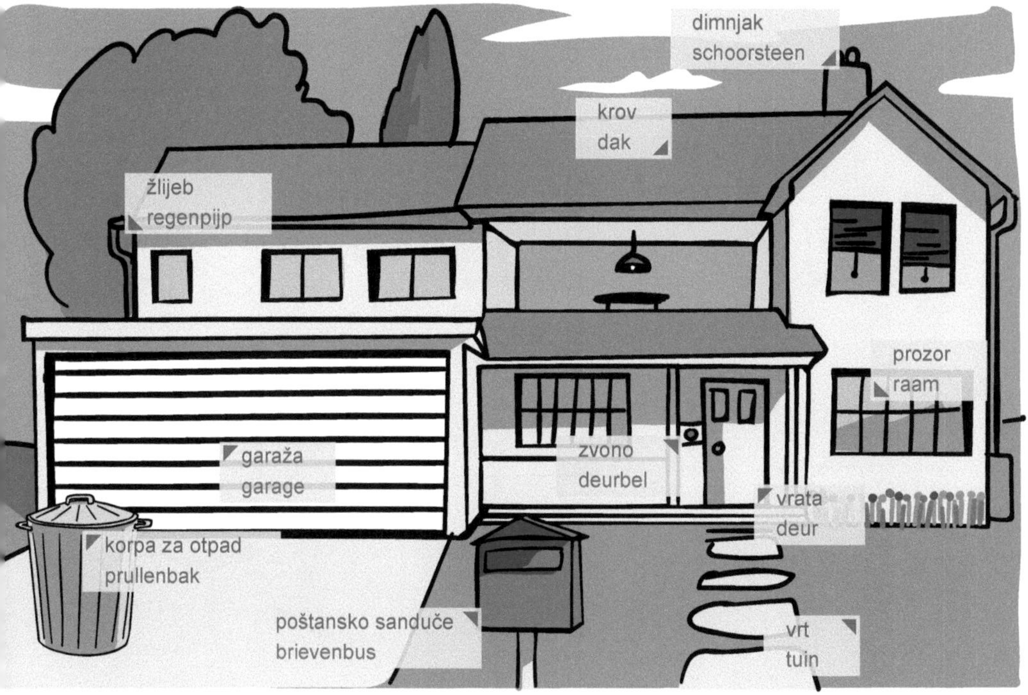

dimnjak
schoorsteen
krov
dak
žlijeb
regenpijp
prozor
raam
zvono
deurbel
garaža
garage
vrata
deur
korpa za otpad
prullenbak
poštansko sandučе
brievenbus
vrt
tuin


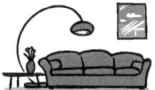

dnevna soba

woonkamer

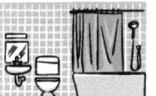

kupaonica

badkamer

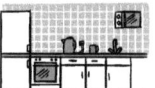

kuhinja

keuken

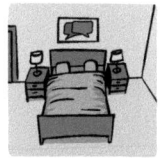

spavaća soba

slaapkamer

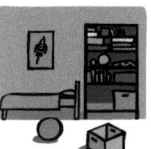

dječija soba

kinderkamer

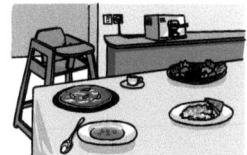

trpezarija

eetkamer

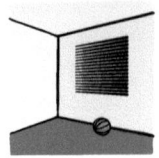

pod

vloer

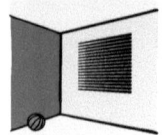

zid

muur

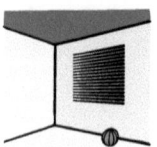

strop

plafond

podrum

kelder

sauna

sauna

balkon

balkon

terasa

terras

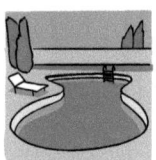

bazen

zwembad

kosilica za travu

grasmaaier

posteljina za krevet

laken

deka za krevet

bedsprei

krevet

bed

metla

bezem

kanta

emmer

sklopka

schakelaar

# dnevna soba
## woonkamer

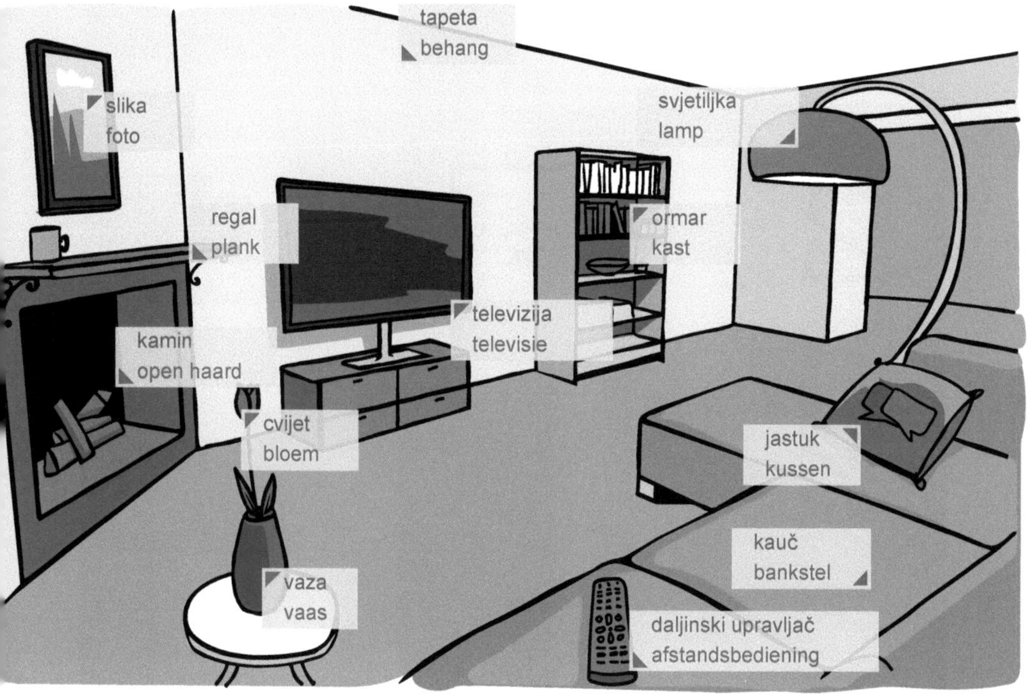

tapeta
behang
slika
foto
svjetiljka
lamp
regal
plank
ormar
kast
televizija
televisie
kamin
open haard
cvijet
bloem
jastuk
kussen
kauč
bankstel
vaza
vaas
daljinski upravljač
afstandsbediening


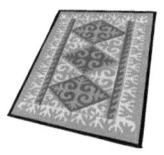

tepih

tapijt

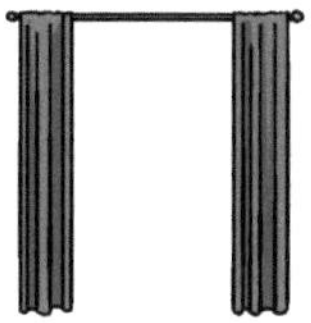

zavjesa

gordijn

stol

tafel

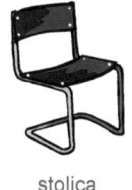

stolica

stoel

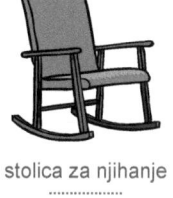

stolica za njihanje

schommelstoel

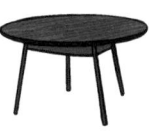

fotelja

stoel

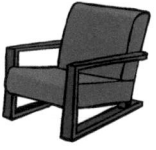

knjiga

boek

deka

deken

dekoracija

decoratie

drvo za ogrjev

brandhout

film

film

stereo uređaj

stereo-installatie

ključ

sleutel

novine

krant

slika na platnu

schilderij

poster

poster

radio

radio

blok za pisanje

kladblok

usisavač

stofzuiger

kaktus

cactus

svijeća

kaars

# kuhinja
# keuken

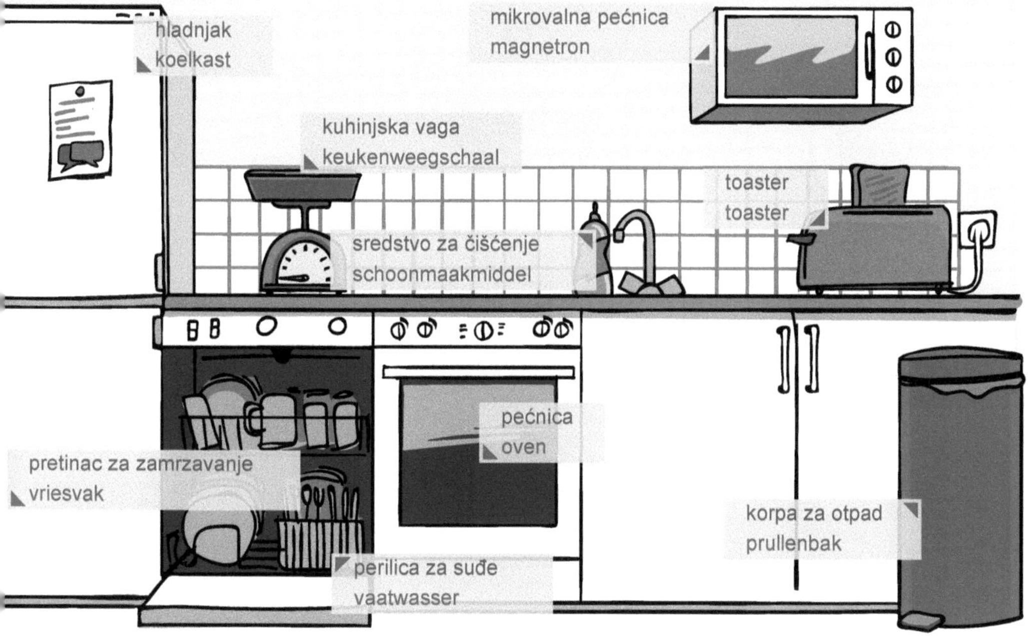

hladnjak
koelkast
mikrovalna pećnica
magnetron
kuhinjska vaga
keukenweegschaal
toaster
toaster
sredstvo za čišćenje
schoonmaakmiddel
pećnica
oven
pretinac za zamrzavanje
vriesvak
korpa za otpad
prullenbak
perilica za suđe
vaatwasser


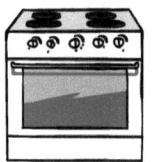

štednjak

fornuis

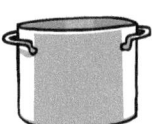

lonac

pan

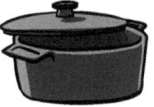

željezni lonac

gietijzeren pan

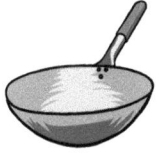

wok / kadai

wok / kadai

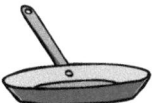

tava

koekenpan

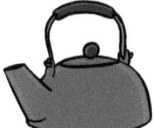

kuhalo za vodu

ketel

kuhalo na paru

stoomkoker

lim za pečenje

bakplaat

posuđe

servies

čaša

beker

zdjela

kom

štapići za jelo

eetstokjes

kutljača

soeplepel

lopatica

spatel

pjenjača

garde

sito za kuhanje

vergiet

sito

zeef

ribež

rasp

mužar

vijzel

roštilj

barbecue

ognjište

vuurhaard

kuhinja - keuken

daska
snijplank

oklagija
deegroller

vadičep
kurkentrekker

konzerva
blik

otvarač konzervi
blikopener

krpa za lonac
pannenlap

sudoper
wasbak

četka
borstel

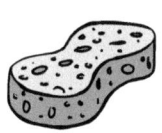

spužva
spons

mikser
blender

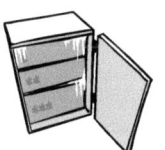

zamrzivač
vriezer

bočica za bebe
babyflesje

slavina za vodu
kraan

# kupaonica
# badkamer

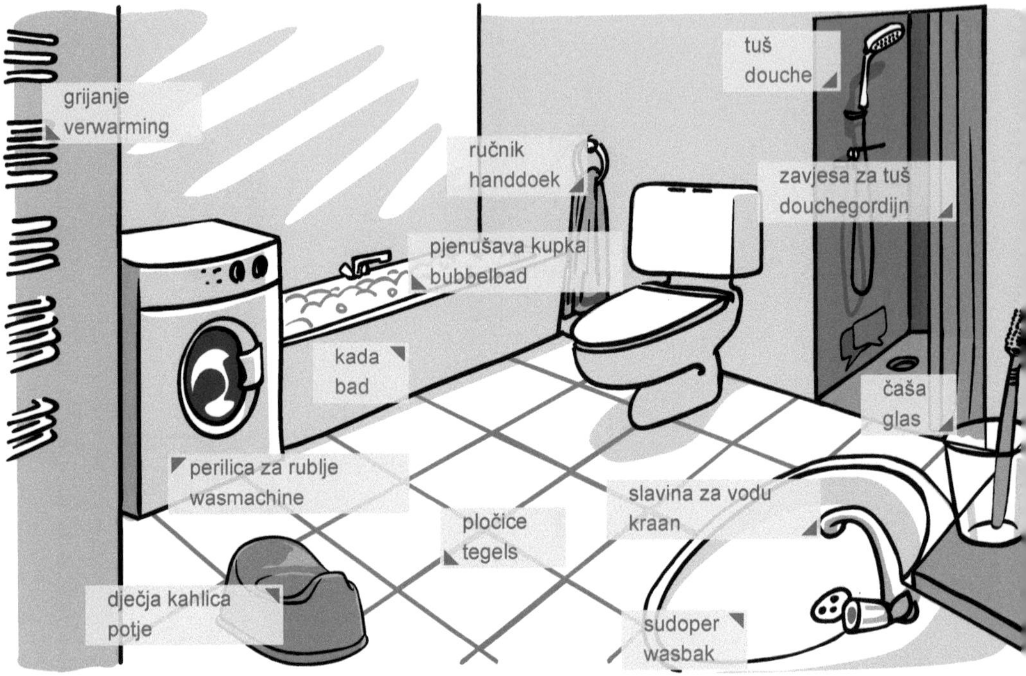

grijanje
verwarming
ručnik
handdoek
tuš
douche
zavjesa za tuš
douchegordijn
pjenušava kupka
bubbelbad
kada
bad
čaša
glas
perilica za rublje
wasmachine
slavina za vodu
kraan
pločice
tegels
dječja kahlica
potje
sudoper
wasbak


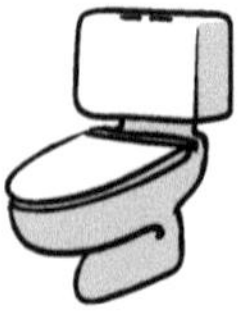

toalet

toilet

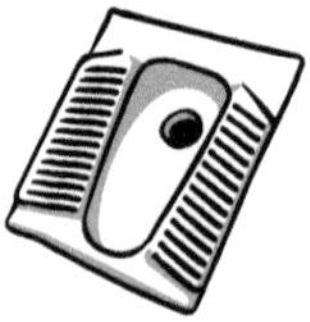

čučavac

hurktoilet

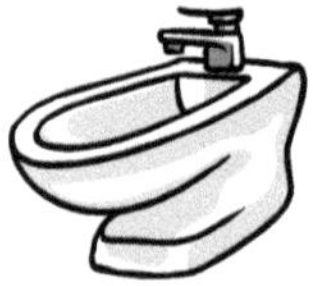

bidet

bidet

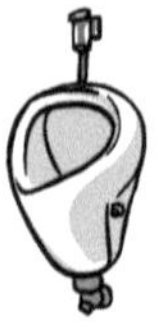

pisoar

urinoir

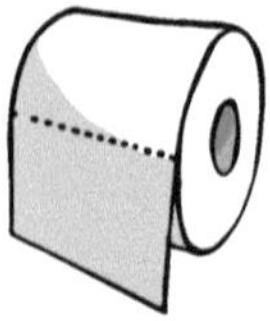

papir za toalet

toiletpapier

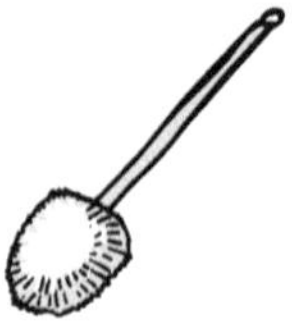

četka za toalet

toiletborstel

četkica za zube

tandenborstel

pasta za zube

tandpasta

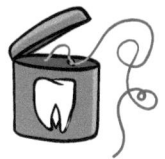

konac za zube

flosdraad

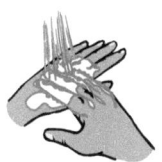

prati

wassen

tuš ručica

handdouche

tuš za pranje intimnih dijelova

toiletdouche

lavor

waskom

četka za pranje leđa

rugborstel

sapun

zeep

gel za tuširanje

douchegel

šampon

shampoo

krpa za pranje

washanje

odvod

afvoer

krema

creme

dezodorans

deodorant

ogledalo

spiegel

kozmetičko ogledalo

make-upspiegel

brijač

scheermes

pjena za brijanje

scheerschuim

losion za poslije brijanja

aftershave

češalj

kam

četka

borstel

sušilo za kosu

haardroger

sprej za kosu

haarspray

makeup

make-up

ruž za usne

lippenstift

lak za nokte

nagellak

vata

watten

škare za nokte

nagelschaartje

parfem

parfum

neseser

toilettas

stolica

kruk

vaga

weegschaal

ogrtač

badjas

rukavice za čišćenje

rubber handschoenen

tampon

tampon

uložak

maandverband

kemijski toalet

chemisch toilet

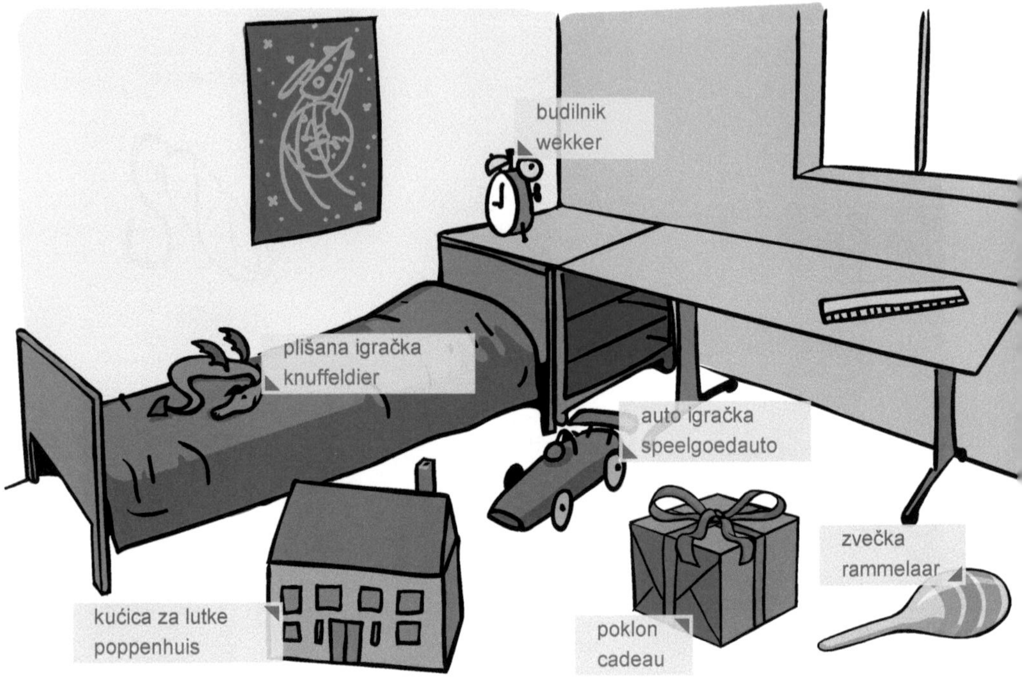

budilnik
wekker

plišana igračka
knuffeldier

auto igračka
speelgoedauto

zvečka
rammelaar

kućica za lutke
poppenhuis

poklon
cadeau

balon
ballon

krevet
bed

dječija kolica
kinderwagen

igra s kartama
kaartspel

slagalica
puzzel

strip
stripverhaal

lego kockice

legostenen

kockice za slaganje

speelgoedblokken

akcioni junak

actiefiguurtje

kombinezon za bebe

romper

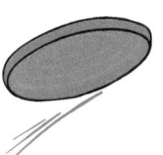

frizbi

frisbee

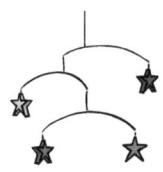

viseće igračke

mobile

društvene igre

bordspel

kocka

dobbelsteen

minijaturna željeznica

modeltrein

duda

speen

tulum

feestje

slikovnica

prentenboek

lopta

bal

lutka

pop

igrati

spelen

pješčanik

zandbak

ljuljačka

schommel

igračka

speelgoed

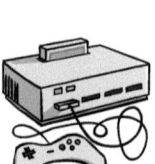

konzola za igre

spelcomputer

tricikl

driewieler

plišani medo

teddybeer

ormar

kleerkast

## odjeća
## kleding

kratke čarape

sokken

čarape

kousen

hulahopke

panty

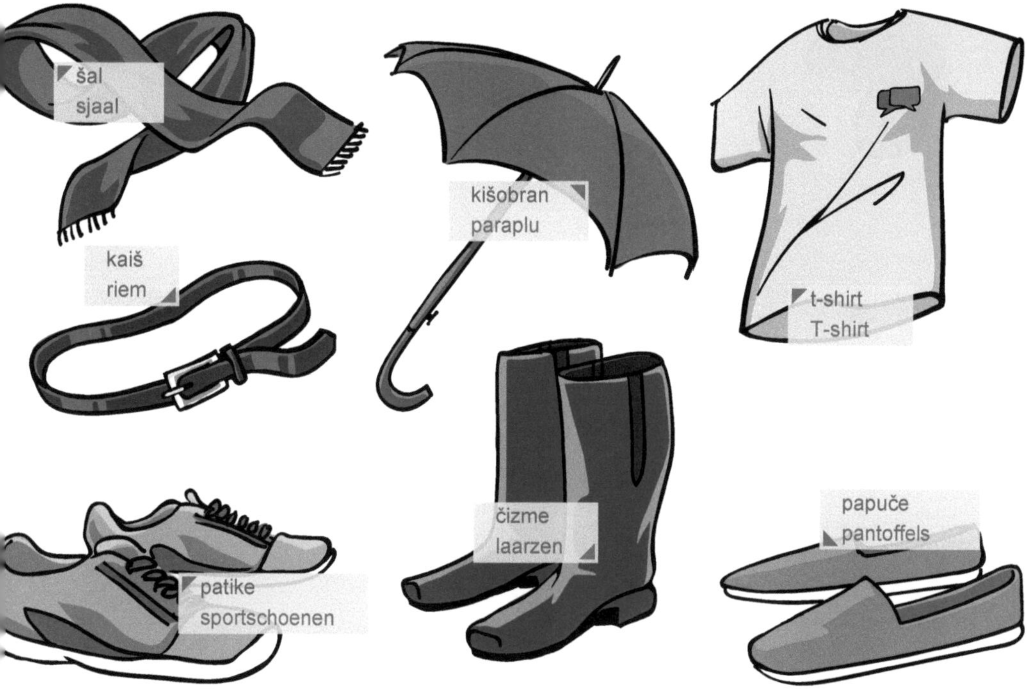

šal
sjaal

kaiš
riem

kišobran
paraplu

t-shirt
T-shirt

čizme
laarzen

papuče
pantoffels

patike
sportschoenen

sandale
...............
sandalen

cipele
...............
schoenen

gumene čizme
...............
rubberlaarzen

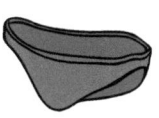

gaćice
...............
onderbroek

grudnjak
...............
beha

potkošulja
...............
onderhemd

bodi

body

hlače

broek

džins

spijkerbroek

haljina

rok

bluza

blouse

košulja

overhemd

džemper

trui

pulover s kapuljačom

hoody

blejzer

blazer

jakna

jas

kaput

mantel

kabanica

regenjas

kostim

kostuum

haljina

jurk

vjenčanica

trouwjurk

odijelo

pak

spavaćica

nachthemd

pidžama

pyjama

sari

sari

rubac

hoofddoek

turban

tulband

burka

boerka

kaftan

kaftan

abaja

abaja

kupaći kostim

zwempak

kupaće gaćice

zwembroek

kratke hlače

korte broek

odjeća za trening

trainingspak

pregača

schort

rukavice

handschoenen

gumb

knoop

naočale

bril

narukvica

armband

ogrlica

ketting

prsten

ring

naušnica

oorbel

kapa

pet

vješalica

kledinghanger

šešir

hoed

kravata

stropdas

patent zatvarač

rits

kaciga

helm

naramenice

bretels

školska uniforma

schooluniform

uniforma

uniform

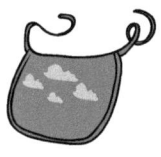

podbradak

slabbetje

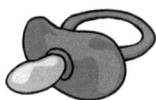

duda

speen

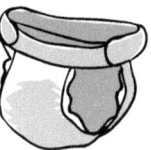

pelena

luier

# ured

# kantoor

server
server
ormar za spise
archiefkast
pisač
printer
papir
papier
monitor
beeldscherm
miš
muis
pisaći stol
bureau
mapa
map
tipkovnica
toetsenbord
košara za papir
prullenmand
računar
computer
stolica
stoel

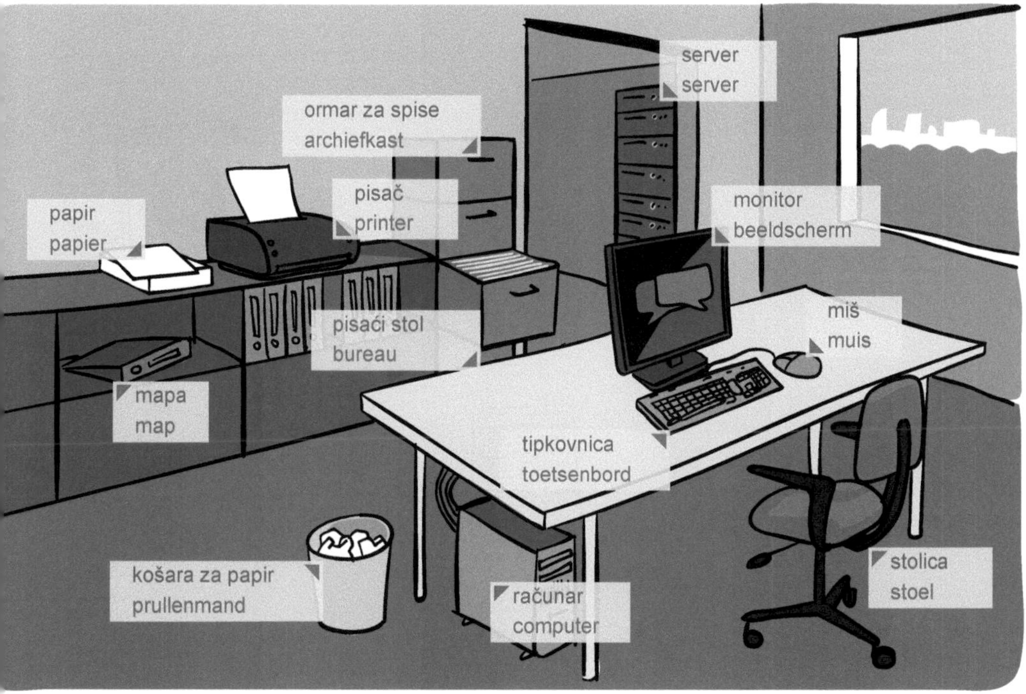

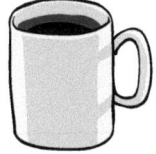

šalica za kavu

koffiemok

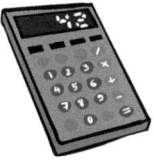

kalkulator

rekenmachine

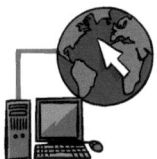

internet

internet

laptop
.................
laptop

pismo
.................
brief

poruka
.................
bericht

mobilni telefon
.................
mobiele telefoon

mreža
.................
netwerk

uređaj za kopiranje
.................
kopieermachine

softver
.................
software

telefon
.................
telefoon

utičnica
.................
stopcontact

faks
.................
fax

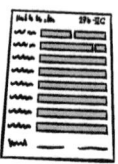

obrazac
.................
formulier

dokument
.................
document

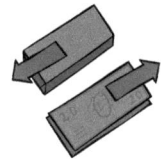

kupovati

kopen

platiti

betalen

trgovati

handel drijven

novac

geld

 **USD**

dolar

dollar

 **EUR**

euro

euro

 **JPY**

jen

yen

 **RUB**

rubalj

roebel

 **CHF**

švicarski franak

Zwitserse frank

 **CNY**

renmindbi yuan

renminbi yuan

 **INR**

rupija

roepie

automat za novac

geldautomaat

mjenjačnica

wisselkantoor

zlato

goud

srebro

zilver

nafta

olie

energija

energie

cijena

prijs

ugovor

contract

porez

belasting

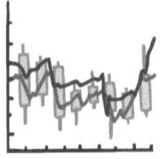

dionica

aandeel

raditi

werken

službenik

werknemer

poslodavac

werkgever

tvornica

fabriek

prodavaonica

winkel

policajac
politieagent

vatrogasac
brandweerman

kuhar
kok

liječnik
dokter

pilot
piloot

vrtlar
tuinman

stolar
timmerman

krojačica
naaister

sudija
rechter

kemičar
scheikundige

glumac
toneelspeler

vozač autobusa

buschauffeur

vozač taksija

taxichauffeur

ribar

visser

čistačica

schoonmaakster

krovopokrivač

dakdekker

konobar

ober

lovac

jager

slikar

schilder

pekar

bakker

električar

elektricien

građevinski radnik

bouwvakker

inženjer

ingenieur

mesar

slager

limar

loodgieter

poštar

postbode

vojnik

soldaat

arhitekta

architect

blagajnik

kassier

cvjećar

bloemist

frizer

kapper

kondukter

conducteur

mehaničar

monteur

kapetan

kapitein

zubar

tandarts

znanstvenik

wetenschapper

rabi

rabbi

imam

imam

monah

monnik

svećenik

pastoor

# alati
# gereedschap

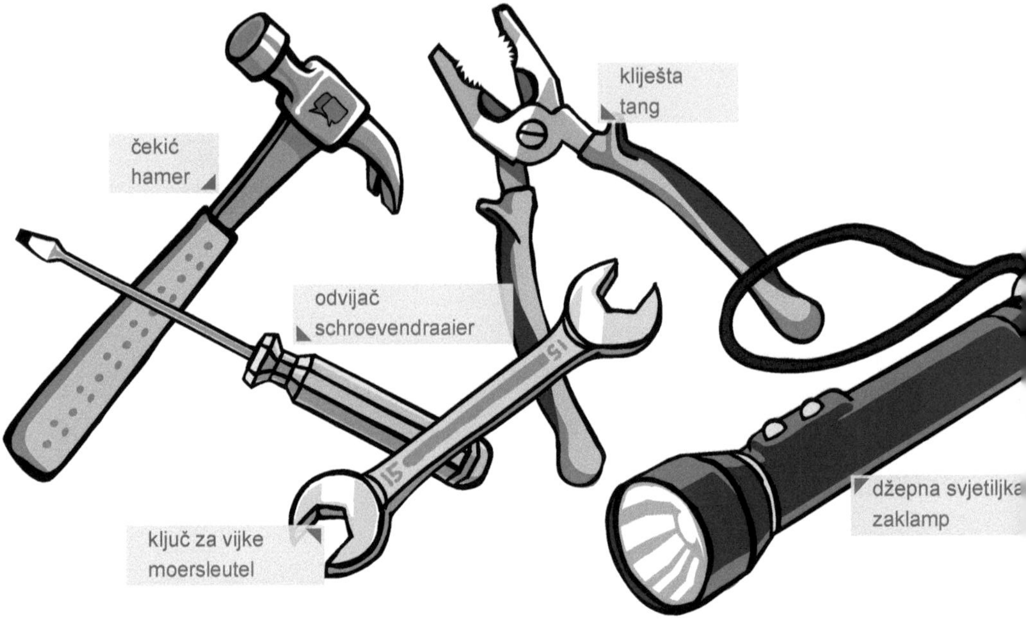

kliješta
tang
čekić
hamer
odvijač
schroevendraaier
džepna svjetiljka
zaklamp
ključ za vijke
moersleutel


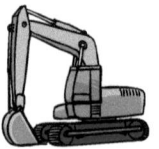

rovokopač

graafmachine

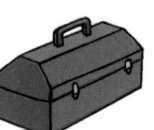

kutija za alat

gereedschapskist

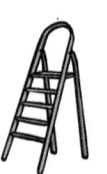

ljestve

ladder

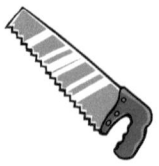

pila

zaag

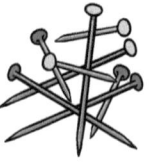

ekser

spijkers

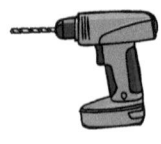

bušilica

boor

popraviti
..............
repareren

lopata
..............
schep

Sranje!
..............
Verdorie!

lopatica
..............
stofblik

lonac za boju
..............
verfpot

vijci
..............
schroeven

## glazbeni instrument
## muziekinstrumenten

zvučnik
luidspreker

bubnjevi
drumstel

kontrabas
contrabas

truba
trompet

gitara
gitaar

klavir

piano

violina

viool

bas

bas

timpani

pauk

udaraljke za bubnjeve

trommel

keyboard

keyboard

saksofon

saxofoon

flauta

fluit

mikrofon

microfoon

# zoološki vrt
## dierentuin

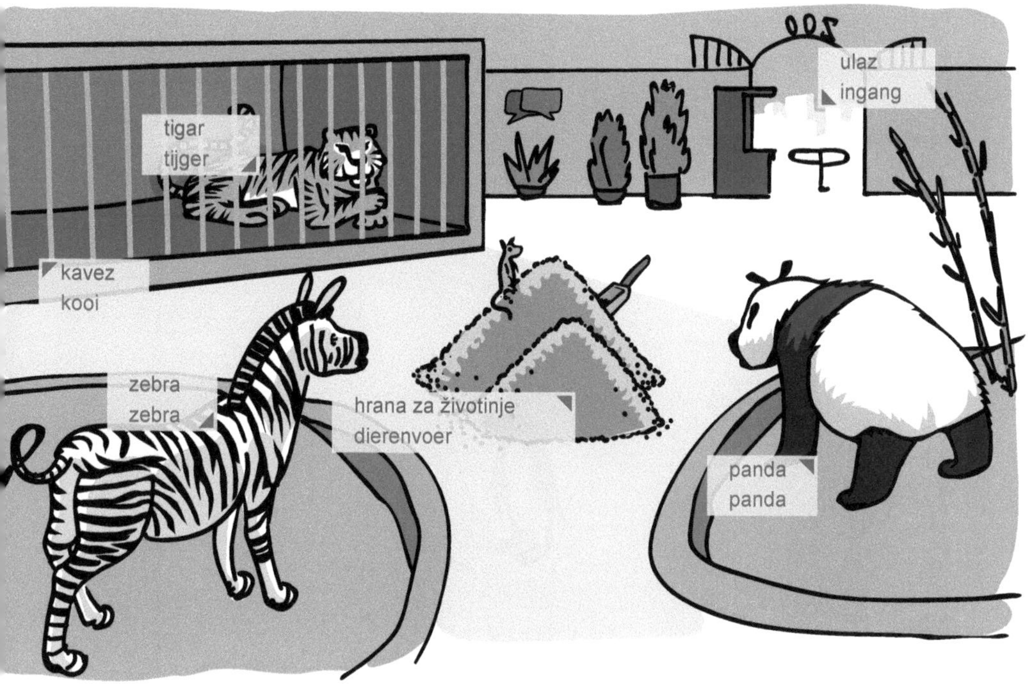

tigar
tijger
ulaz
ingang
kavez
kooi
zebra
zebra
hrana za životinje
dierenvoer
panda
panda


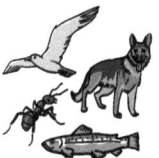

životinje

dieren

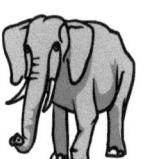

slon

olifant

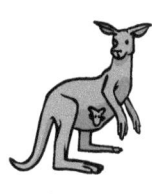

kengur

kangoeroe

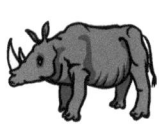

nosorog

neushoorn

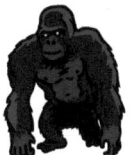

gorila

gorilla

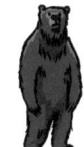

medvjed

beer

kamila

kameel

noj

struisvogel

lav

leeuw

majmun

aap

flamingo

flamingo

papagaj

papegaai

polarni medvjed

ijsbeer

pingvin

pinguïn

ajkula

haai

paun

pauw

zmija

slang

krokodil

krokodil

čuvar u zoološkom vrtu

dierenverzorger

tuljan

zeehond

jaguar

jaguar

poni

pony

leopard

luipaard

nilski konj

nijlpaard

žirafa

giraffe

orao

adelaar

divlja svinja

wild zwijn

riba

vis

kornjača

schildpad

morž

walrus

lisica

vos

gazela

gazelle

američki nogomet
American football

biciklizam
wielrennen

tenis
tennis

košarka
basketbal

plivanje
zwemmen

boks
boksen

hockey na ledu
ijshockey

nogomet
voetbal

badminton
badminton

atletika
atletiek

rukomet
handbal

skijanje
skiën

polo
polo

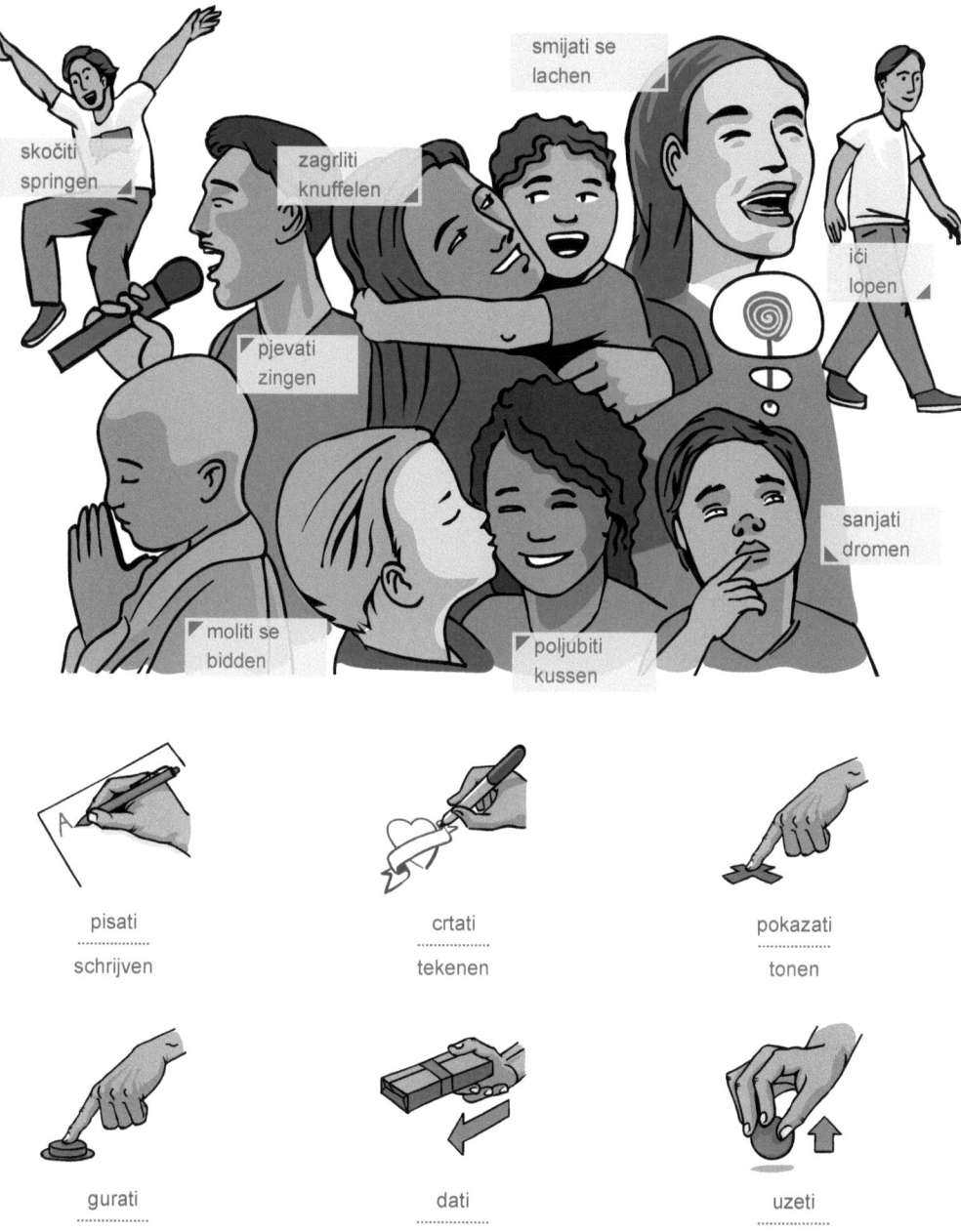

skočiti
springen

smijati se
lachen

zagrliti
knuffelen

ići
lopen

pjevati
zingen

sanjati
dromen

moliti se
bidden

poljubiti
kussen

pisati
schrijven

crtati
tekenen

pokazati
tonen

gurati
duwen

dati
geven

uzeti
oppakken

imati

hebben

činiti

doen

biti

zijn

stojati

staan

trčati

rennen

povlačiti

trekken

baciti

gooien

padati

vallen

ležati

liggen

čekati

wachten

nositi

dragen

sjediti

zitten

oblačiti

aankleden

spavati

slapen

probuditi se

wakker worden

aktivnosti - activiteiten

gledati

bekijken

plakati

huilen

milovati

strelen

češljati

kammen

govoriti

praten

razumjeti

begrijpen

pitati

vragen

slušati

horen

piti

drinken

jesti

eten

pospremiti

opruimen

voljeti

houden van

kuhati

koken

voziti

rijden

letjeti

vliegen

ploviti

zeilen

računati

rekenen

čitati

lezen

učiti

leren

raditi

werken

vjenčati se

trouwen

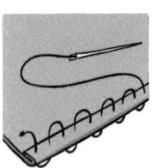

šiti

naaien

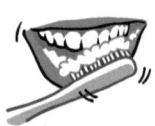

prati zube

tandenpoetsen

ubiti

doden

pušiti

roken

poslati

verzenden

baka
grootmoeder

djed
grootvader

otac
vader

majka
moeder

beba
baby

kćerka
dochter

sin
zoon

gost
gast

tetka
tante

ujak, stric
oom

brat
broer

sestra
zus

# tijelo
# lichaam

čelo
voorhoofd
oko
oog
rame
schouder
prst
vinger
lice
gezicht
brada
kin
ruka
hand
noga
been
grudi
borst
ruka
arm

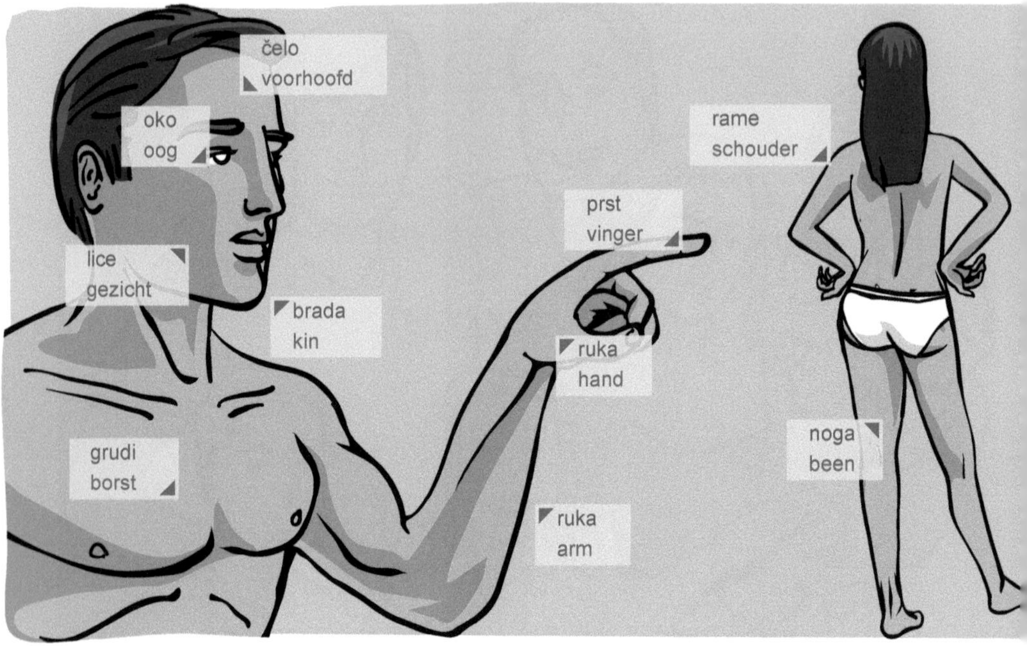

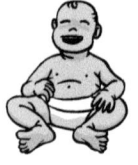

beba
baby

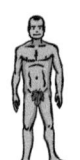

muškarac
man

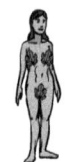

žena
vrouw

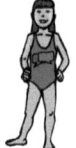

djevojčica
meisje

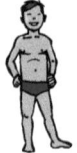

dječak
jongen

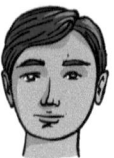

glava
hoofd

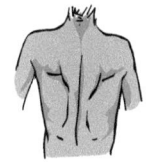

leđa
rug

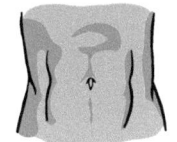

trbuh
buik

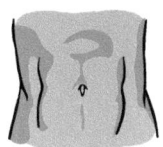

pupak
navel

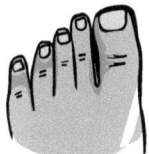

nožni prst
teen

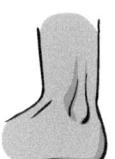

peta
hiel

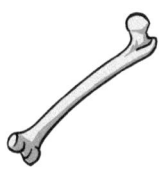

kost
bot

kuk
heup

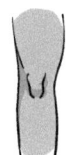

koljeno
knie

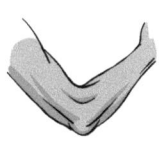

lakat
elleboog

nos
neus

stražnjica
achterwerk

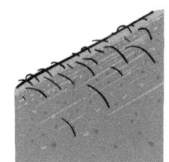

koža
huid

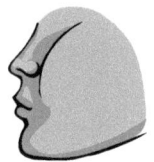

obraz
wang

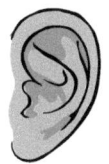

uho
oor

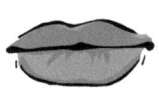

usna
lippen

usta
.................
mond

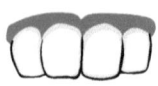

zub
.................
tand

jezik
.................
tong

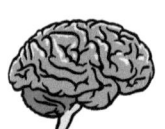

mozak
.................
hersenen

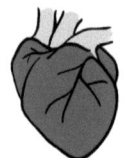

srce
.................
hart

mišić
.................
spier

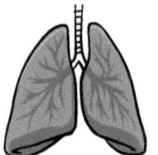

pluća
.................
long

jetra
.................
lever

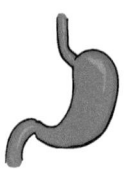

želudac
.................
maag

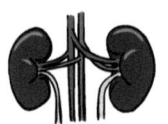

bubrezi
.................
nieren

snošaj
.................
geslachtsgemeenschap

kondom
.................
condoom

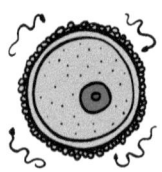

jajna stanica
.................
eicel

sperma
.................
sperma

trudnoća
.................
zwangerschap

tijelo - lichaam

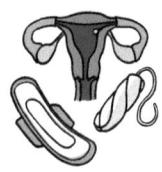

menstruacija

menstruatie

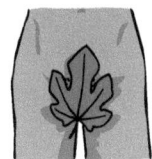

vagina

vagina

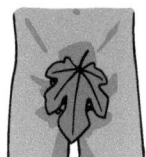

penis

penis

obrva

wenkbrauw

kosa

haar

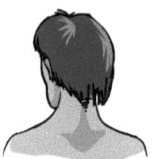

vrat

hals

# bolnica
# ziekenhuis

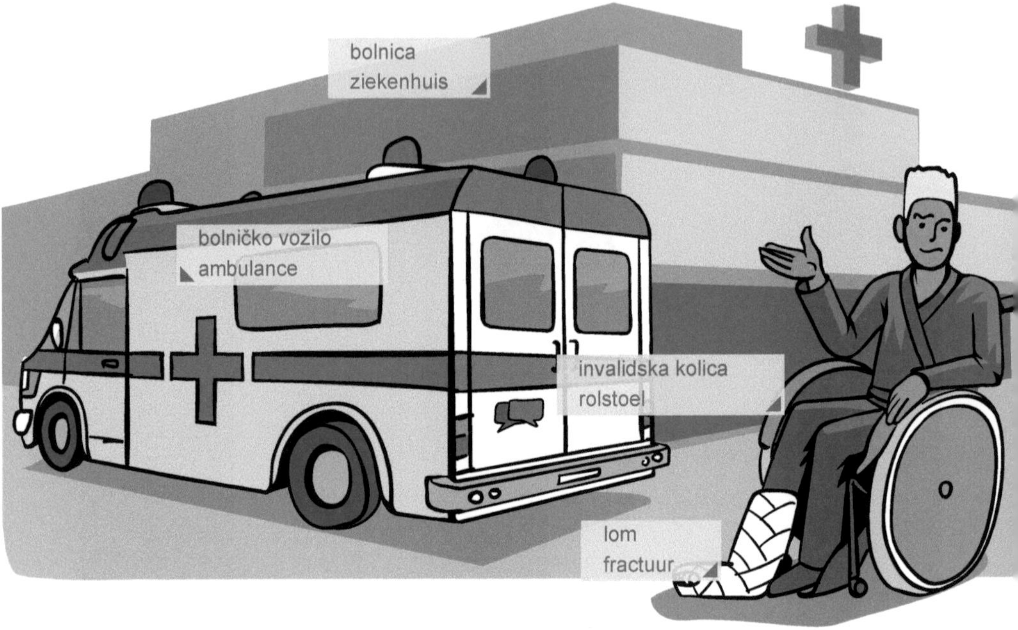

bolnica
ziekenhuis
bolničko vozilo
ambulance
invalidska kolica
rolstoel
lom
fractuur


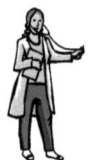

liječnik

dokter

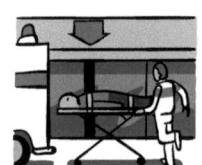

hitna medicinska služba

EHBO

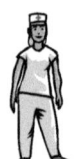

medicinska sestra

verpleegster

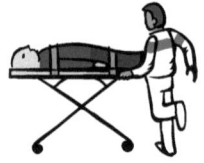

hitni slučaj

noodgeval

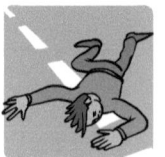

nesvijest

bewusteloos

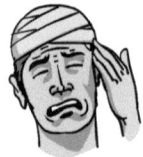

bol

pijn

ozljeda

verwonding

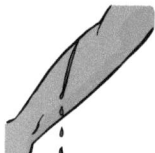

krvarenje

bloeding

srćani infarkt

hartaanval

moždani udar

beroerte

alergija

allergie

kašalj

hoest

groznica

koorts

gripa

griep

proljev

diarree

glavobolja

hoofdpijn

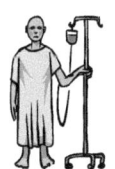

rak

kanker

dijabetes

diabetes

kirurg

chirurg

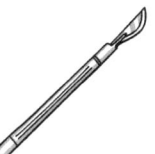

skalpel

scalpel

operacija

operatie

ct
CT

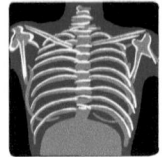

rentgen
röntgen

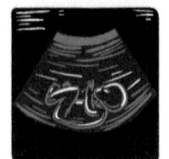

ultrazvuk
echografie

maska
gezichtsmasker

bolest
ziekte

čekaonica
wachtkamer

štaka
kruk

flaster
pleister

zavoj
verband

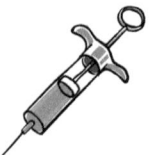

injekcija
injectie

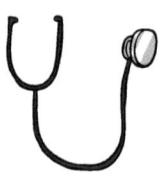

stetoskop
stethoscoop

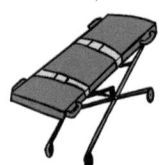

nosilo
brancard

termometar
thermometer

rođenje
geboorte

prekomjerna težina
overgewicht

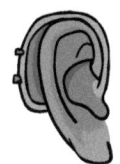

slušni aparat

gehoorapparaat

sredstvo za dezinfekciju

ontsmettingsmiddel

infekcija

infectie

virus

virus

hiv / sida

HIV / AIDS

medicina

medicijn

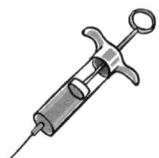

vakcinacija

inenting

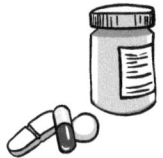

tablete

tabletten

pilula

pil

poziv u pomoć

alarmnummer

uređaj za mjerenje tlaka

bloeddrukmeter

bolesno / zdravo

ziek / gezond

pomoć!

Help!

alarm

alarm

nasrtaj

overval

napad

aanval

opasnost

gevaar

izlaz za nuždu

nooduitgang

požar!

Brand!

vatrogasni aparat

brandblusser

nezgoda

ongeluk

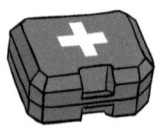

kofer prve pomoći

EHBO-koffer

sos

SOS

policija

politie

Europa

Europa

sjeverna amerika

Noord-Amerika

južna amerika

Zuid-Amerika

Afrika

Afrika

Azija

Azië

Australija

Australië

Atlantik

Atlantische Oceaan

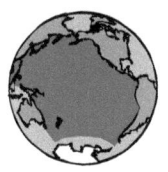

Pacifik

Stille Oceaan

ocean

Indische Oceaan

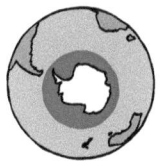

antarktički ocean

Zuidelijke Oceaan

arktički ocean

Noordelijke IJszee

sjeverni pol

Noordpool

južni pol

Zuidpool

Antarktik

Antarctica

zemlja

aarde

zemlja

land

more

zee

otok

eiland

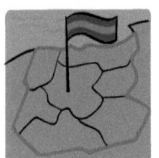

nacija

natie

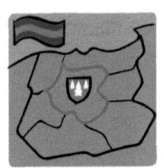

država

staat

brojčanik sata

wijzerplaat

satna kazaljka

uurwijzer

minutna kazaljka

minutenwijzer

sekundna kazaljka

secondewijzer

Koliko je sati?

Hoe laat is het?

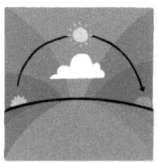

dan

dag

vrijeme

tijd

sada

nu

digitalni sat

digitaal horloge

minuta

minuut

sat

uur

# tjedan
## week

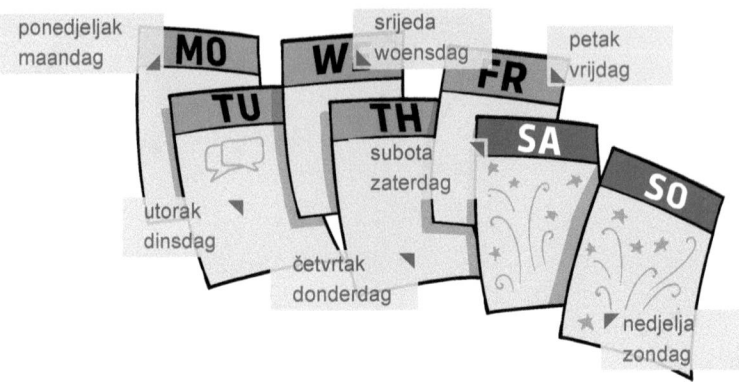

ponedjeljak
maandag

srijeda
woensdag

petak
vrijdag

utorak
dinsdag

subota
zaterdag

četvrtak
donderdag

nedjelja
zondag

jučer

gisteren

danas

vandaag

sutra

morgen

jutro

ochtend

podne

middag

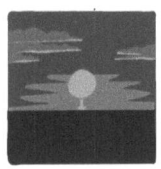

večer

avond

| MO | TU | WE | TH | FR | SA | SU |
|----|----|----|----|----|----|----|
| 1 | 2 | 3 | 4 | 5 | 6 | 7 |
| 8 | 9 | 10 | 11 | 12 | 13 | 14 |
| 15 | 16 | 17 | 18 | 19 | 20 | 21 |
| 22 | 23 | 24 | 25 | 26 | 27 | 28 |
| 29 | 30 | 31 | 1 | 2 | 3 | 4 |

radni dani

werkdagen

| MO | TU | WE | TH | FR | SA | SU |
|----|----|----|----|----|----|----|
| 1 | 2 | 3 | 4 | 5 | 6 | 7 |
| 8 | 9 | 10 | 11 | 12 | 13 | 14 |
| 15 | 16 | 17 | 18 | 19 | 20 | 21 |
| 22 | 23 | 24 | 25 | 26 | 27 | 28 |
| 29 | 30 | 31 | 1 | 2 | 3 | 4 |

vikend

weekend

kiša
regen

duga
regenboog

vjetar
wind

snijeg
sneeuw

proljeće
voorjaar

jesen
herfst

ljeto
zomer

zima
winter

| 4.APRIL | 11° | ☀ |
| 5.APRIL | 4° | ⛆ |
| 6.APRIL | 13° | ⛆ |
| 7.APRIL | 8° | ❄ |
| 8.APRIL | 10° | ☀ |

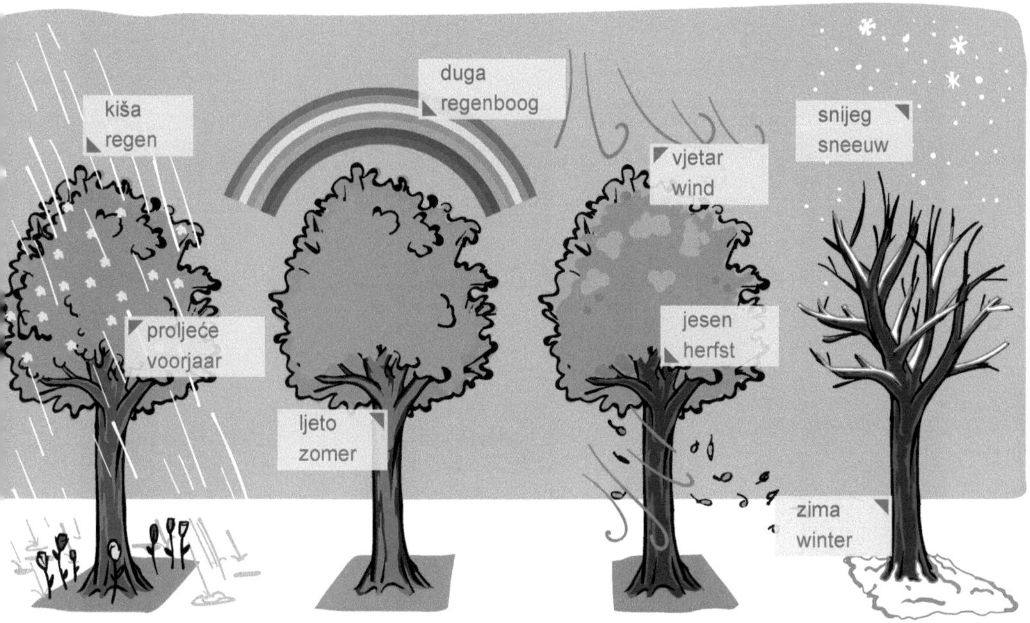

meteorološka prognoza
.................
weerbericht

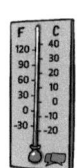

termometar
.................
thermometer

sunčana svjetlost
.................
zonneschijn

oblak
.................
wolk

magla
.................
mist

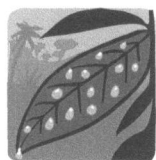

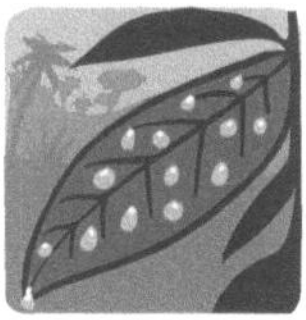

vlažnost zraka
.................
luchtvochtigheid

munja
bliksem

grmljavina
donder

oluja
storm

tuča
hagel

monsun
moesson

poplava
overstroming

led
ijs

siječanj
januari

veljača
februari

ožujak
maart

travanj
april

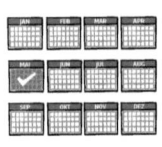

svibanj
mei

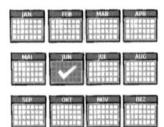

lipanj
juni

srpanj
juli

kolovoz
augustus

godina - jaar

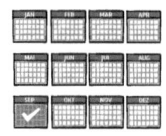

rujan
..................
september

listopad
..................
oktober

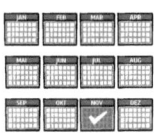

studeni
..................
november

prosinac
..................
december

# oblici
# vormen

krug
..................
cirkel

kvadrat
..................
vierkant

pravokutnik
..................
rechthoek

trokut
..................
driehoek

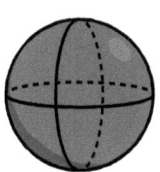

kugla
..................
bol

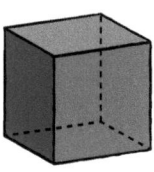

kocka
..................
kubus

bijela
..................
wit

žuta
..................
geel

narančasta
..................
oranje

ružičasta
..................
roze

crvena
..................
rood

ljubičasta
..................
paars

plava
..................
blauw

zelena
..................
groen

smeđa
..................
bruin

siva
..................
grijs

crna
..................
zwart

mnogo / malo
veel / weinig

ljutito / mirno
boos / rustig

lijepo / ružno
mooi / lelijk

početak / kraj
begin / einde

veliko / maleno
groot / klein

svijetlo / tamno
licht / donker

brat / sestra
broer / zus

čisto / prljavo
schoon / vies

potpuno / nepotpuno
volledig / onvolledig

dan / noć
dag/ nacht

mrtvo / živo
dood / levend

široko / usko
breed / smal

jestivo / nejestivo

eetbaar / oneetbaar

zlo / dobro

gemeen / aardig

uzbuđeno / dosadno

opgewonden / verveeld

debelo / mršavo

dik / dun

na početku / na kraju

eerste / laatste

prijatelj / neprijatelj

vriend / vijand

puno / prazno

vol / leeg

tvrdo / mekano

hard / zacht

teško / lagano

zwaar / licht

glad / žeđ

honger / dorst

bolesno / zdravo

ziek / gezond

ilegalno / legalno

illegaal / legaal

pametno / glupo

intelligent / dom

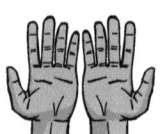

lijevo / desno

links / rechts

blizu / daleko

dichtbij / ver

novo / rabljeno

nieuw / gebruikt

ništa / nešto

niets / iets

staro / mlado

oud / jong

uključeno / isključeno

aan / uit

otvoreno / zatvoreno

open / gesloten

tiho / glasno

zacht / luid

bogato / siromašno

rijk / arm

točno / pogrešno

goed / fout

hrapavo / glatko

ruw / glad

tužno / sretno

verdrietig / gelukkig

kratko / dugo

kort / lang

polako / brzo

langzaam / snel

mokro / suho

nat / droog

toplo / hladno

warm / koel

rat / mir

oorlog / vrede

| **0** | **1** | **2** |
|---|---|---|
| nula | jedan | dva |
| nul | één | twee |

| **3** | **4** | **5** |
|---|---|---|
| tri | četiri | pet |
| drie | vier | vijf |

| **6** | **7** | **8** |
|---|---|---|
| šest | sedam | osam |
| zes | zeven | acht |

| **9** | **10** | **11** |
|---|---|---|
| devet | deset | jedanaest |
| negen | tien | elf |

**12**

dvanaest

twaalf

**13**

trinaest

dertien

**14**

četrnaest

veertien

**15**

petnaest

vijftien

**16**

šestnaest

zestien

**17**

sedamnaest

zeventien

**18**

osamnaest

achttien

**19**

devetnaest

negentien

**20**

dvadeset

twintig

**100**

stotinu

honderd

**1.000**

tisuću

duizend

**1.000.000**

milijun

miljoen

engleski

Engels

američko engleski

Amerikaans Engels

kinesko mandarinski

Chinees Mandarijn

hindi

Hindi

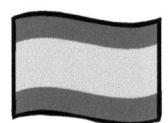

španjolski

Spaans

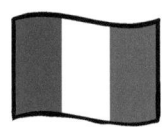

francuski

Frans

arapski

Arabisch

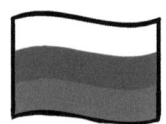

ruski

Russisch

portugalski

Portugees

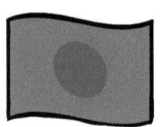

bengalski

Bengalees

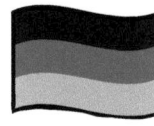

njemački

Duits

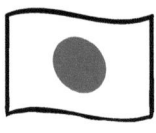

japanski

Japans

ja
ik

ti
jij

on / ona / ono
hij / zij / het

mi
wij

vi
jullie

oni
zij

tko?
wie?

što?
wat?

kako?
hoe?

gdje?
waar?

kada?
wanneer?

ime
naam

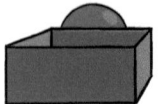

iza
........................
achter

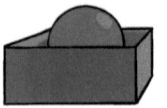

u
........................
in

ispred
........................
voor

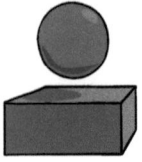

preko
........................
boven

na
........................
op

ispod
........................
onder

pored
........................
naast

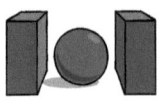

između
........................
tussen

mjesto
........................
plaats